La Richesse Française

CE QU'IL FAUT QU'ON SACHE

1918

ALBIN MICHEL

ÉDITEUR

22, rue Huyghens, 22

LA

Richesse Française

CE QU'IL FAUT QU'ON SACHE

TABLE DES MATIÈRES

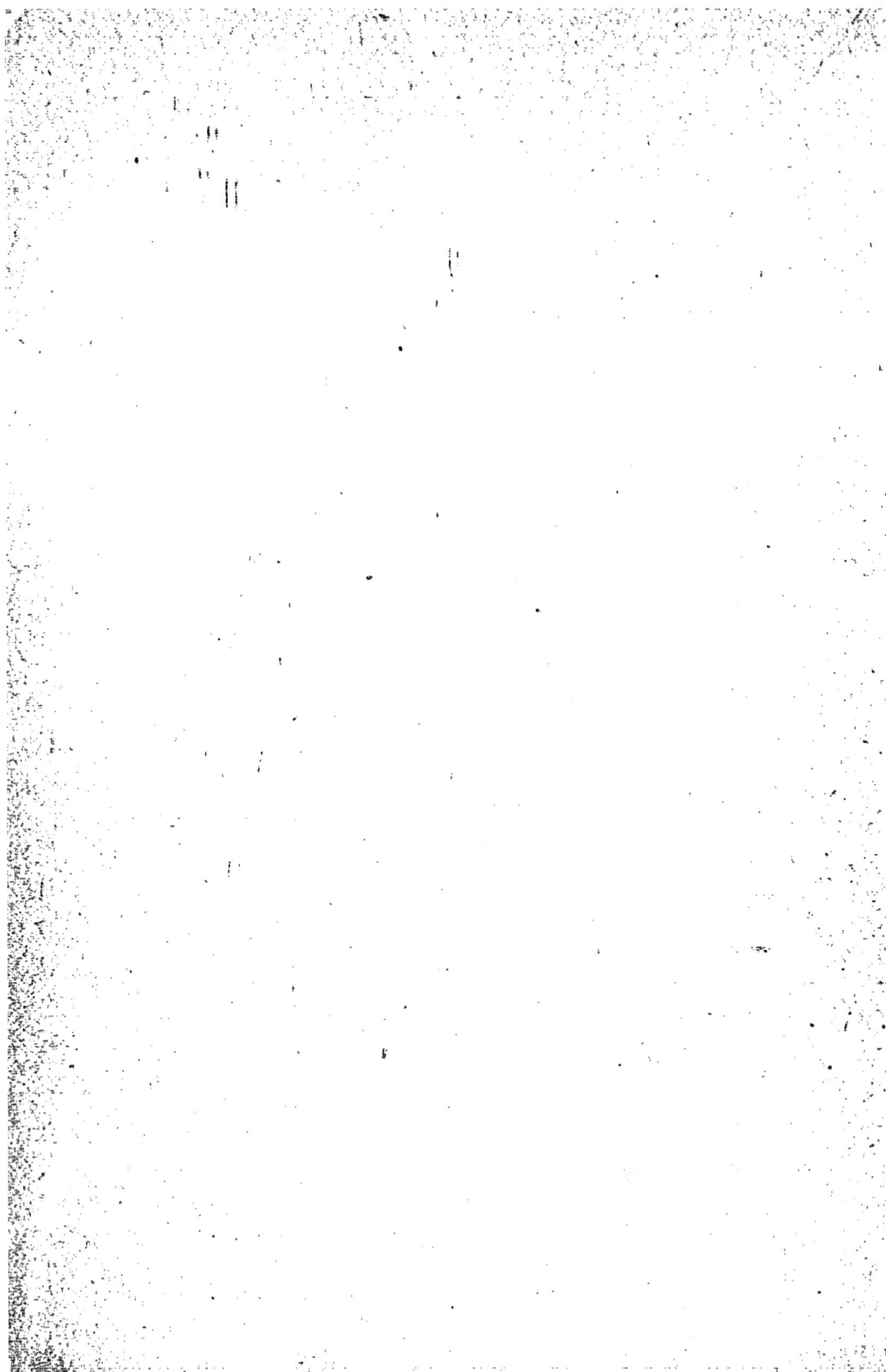

AVANT-PROPOS

Quelle est la richesse de la France? De quels éléments se compose-t-elle? Quels apports nouveaux est-elle susceptible de recevoir et quelle ampleur devra-t-elle prendre pour faire face aux charges considérables qui, malgré les avantages et le prestige de la victoire, ne manqueront pas de s'imposer après la guerre à notre pays?

Telles sont les questions, d'une haute et pressante gravité, auxquelles nous avons essayé de répondre, non par un imposant traité didactique, mais en quelques pages dont le mérite, si elles en ont un, réside dans l'exactitude des faits et des chiffres. Si bref qu'il soit, cet opuscule, nous en avons la conviction, inspirera à tous ceux qui l'auront lu la certitude que, merveilleusement douée par la nature, quant aux richesses du sol, quant à l'industrie et au génie de ses habitants, la France pourra, si elle le veut, et quelle que soit l'avance d'autres pays, garder, dans la grande émulation économique qui suivra la paix, le même rang glorieux que son héroïsme lui a conquis pendant la guerre.

———

Tous les chiffres reproduits dans cette brochure sont extraits de publications et de documents officiels.

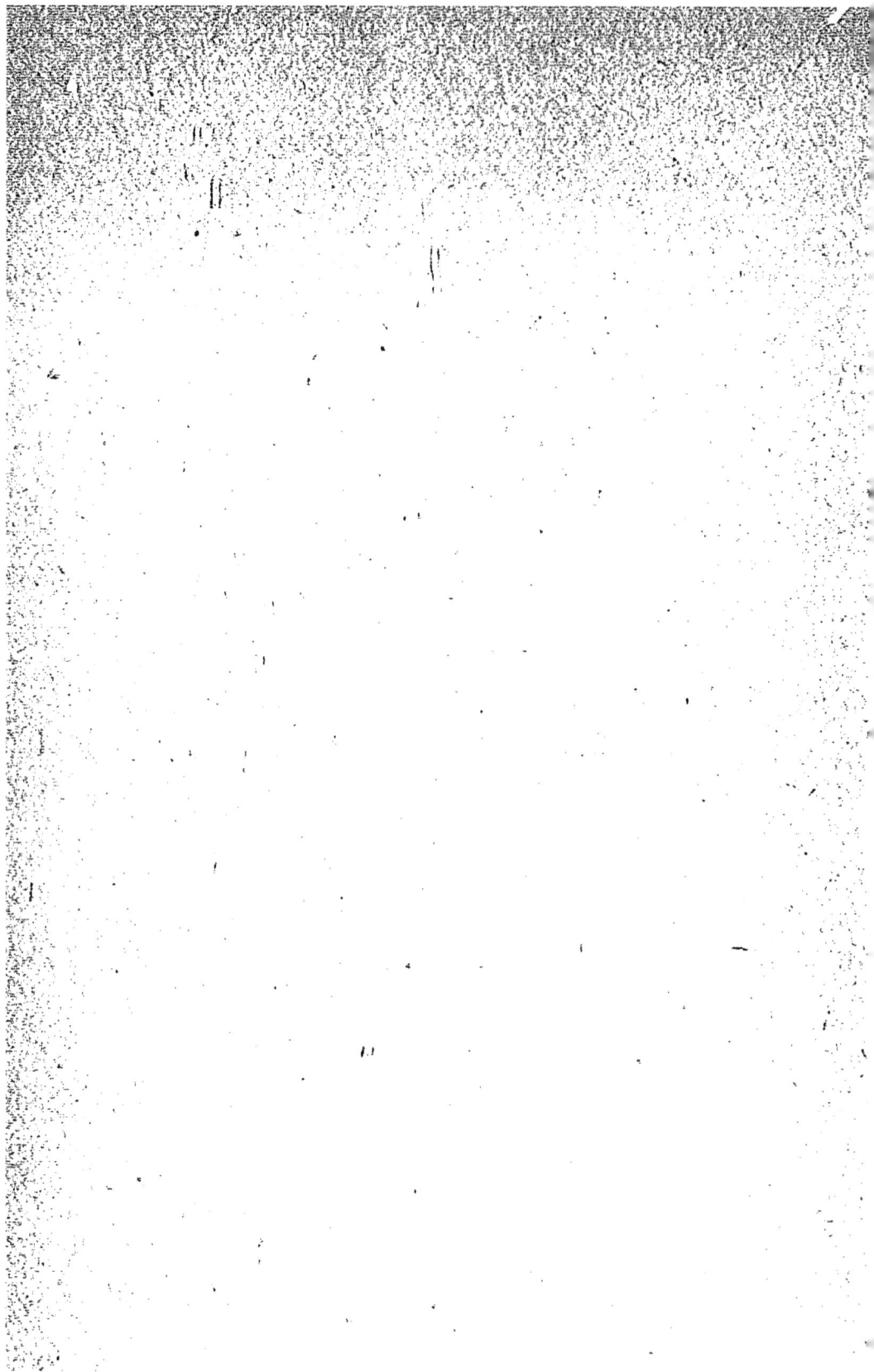

L'énergie hydro-électrique

La nécessité rend ingénieux. Les besoins croissants de force motrice qu'ont éprouvés les industries travaillant pour la Défense Nationale et la difficulté des approvisionnements en combustible minéral ont stimulé et développé la production de la houille blanche pendant la guerre dans des proportions que, même parmi les plus optimistes, nul n'aurait oser prévoir. Le système orographique de la France, son climat et son régime fluvial en font le pays d'Europe le mieux doté qui soit à cet égard après la Norvège et la Suède. Capter la force des torrents a toujours tenté ses ingénieurs depuis Fourneyron, inventeur de la turbine, jusqu'à Bergès et Marcel Desprez, qui, les premiers, réalisèrent le transport à longue distance de l'énergie produite par les chutes d'eau.

Cette force, de dix millions de chevaux vapeur en eaux moyennes, éternelle comme le soleil qui l'engendre et divisible à l'infini, doit, en peu d'années, nous libérer du lourd tribut pécuniaire que nous avons payé jusqu'ici à l'étranger pour nos importations de combustible minéral. L'Annuaire Statistique nous apprend qu'en 1913, alors que notre consommation de combustibles solides s'est élevée à 60 millions de tonnes, le chiffre de nos importations a dépassé 22 millions de tonnes valant au minimum 583 millions de francs.

Comme les trois quarts de la quantité de charbon consommée annuellement en France servent à produire la vapeur génératrice d'une force mécanique représentant environ 12 millions de chevaux, l'aménagement d'un million de chevaux hydrauliques correspond à une économie d'au moins 3 millions 1/2 de tonnes de charbon. Cette question est d'autant plus importante que les prix élevés atteints par la houille pendant la guerre ne paraissent pas devoir fléchir sensiblement avant de longues années; les prix de revient des produits manufacturés s'en trouveront grevés d'autant.

On ne sait pas suffisamment, d'autre part, que le rendement d'une installation hydro-électrique moderne, extrêmement économique, est d'environ 80 0/0, alors que le rendement moyen des machines à vapeur ne dépasse guère 10 0/0.

L'opinion des Américains, qui ont dompté le Niagara, est, assurément, de quelque poids. Les richesses françaises en houille blanche, qu'une régularisation facile de certains cours d'eau et la création de barrages et de lacs artificiels pourraient augmenter encore sensiblement, les ont pour ainsi dire éblouis. Un rapport, récemment publié par eux, atteste que, de l'aménagement des chutes d'eau, facile dans un pays où n'ont jamais fait défaut les capitaux nécessaires à la création d'entreprises hydro-électriques, doivent naître des perspectives d'autant plus belles que c'est tout au plus si le dixième des ressources nationales en énergie hydraulique est actuellement utilisé.

Ajoutons que certaines de nos colonies d'Afrique et d'Asie sont, elles aussi, fort riches en houille blarche. Leur avenir industriel est lié de façon étroite à son exploitation.

L'électro-chimie

Quelles qu'aient pu être, dans le passé, les causes de l'infériorité de l'industrie chimique française : diversité des méthodes employées, insuffisance de connaissances générales et manque d'éducation technique, il est réconfortant de remarquer qu'il ne s'agit pas là de causes permanentes. A ces causes, il serait, au contraire, très facile de remédier, et la richesse de notre pays en énergie hydro-électrique le prédispose à occuper, dans l'industrie chimique, une situation de premier plan.

L'électro-chimie consiste, on le sait, dans l'application de l'électricité à presque toutes les fabrications de produits chimiques. Soit par le procédé de l'électrolyse, soit par celui du four électrique, dû au savant français Moissan, il est possible d'obtenir aujourd'hui, industriellement, un très grand nombre de corps simples ou composés : l'oxygène, l'hydrogène, la soude, le chlore et ses sels, du sodium, des hydrosulfites, des chromates, de la baryte, du carbure de calcium, de l'aluminium, du zinc, du silicium, du sulfure de carbone, du phosphore, et une quantité d'autres produits de consommation courante et de valeur marchande considérable.

Dans la métallurgie du zinc, qui consomme encore beaucoup plus de charbon que la métallurgie du fer, nous assistons à cet égard à une véritable révolution dont paraissent être appelées à bénéficier largement les Alpes et les Pyrénées, riches à la fois en minerai de zinc et en énergie hydro-électrique.

Il sera possible aussi de réaliser avant peu par l'électricité l'exploitation méthodique des immenses ressources industrielles de l'atmosphère et de liquéfier l'air atmosphérique, comme l'a fait le savant français G. Claude, de façon à dissocier aisément l'oxygène et l'azote pour les obtenir à l'état pur et à très bon marché. De même que l'oxygène est le carburant qui permet d'obtenir le plus facilement des températures formidables, l'air liquide est l'agent le plus efficace et le plus économique que l'on connaisse pour la production des basses températures. Par là pourraient être aisément résolus tous les problèmes dans les données desquels interviennent le froid et la chaleur et dont la solution intéresse au plus haut point le bien-être individuel et la prospérité de tous. La guerre a donné à l'industrie frigorifique une vigoureuse impulsion. Par son développement, la conservation des denrées périssables pourrait être assurée dans des conditions de nature à diminuer, dans des proportions très appréciables, le coût de la vie.

Les besoins des industries travaillant pour la Défense nationale ont, dans le domaine de la chimie, développé dans de si larges proportions la production des usines établies sur le territoire, que la France pourra se suffire dans l'avenir pour la fabrication de l'acide sulfurique, de la soude, du chlore et des produits pharmaceutiques dont le marché, avant la guerre, était presque entièrement aux mains des Allemands. Quant aux parfums, les conditions climatériques qui règnent dans notre pays et la rénovation de nos industries de chimie organique doivent nous permettre de maintenir et d'accentuer, dans cette branche industrielle, notre traditionnelle supériorité.

Le sol français

Quarante pour cent de la population française, au minimum, vit de la terre, par elle et pour elle. Cinq millions et demi d'exploitations agricoles, au moins, se partageaient, avant la guerre, quarante-sept millions d'hectares de terre cultivable. Nulle part la propriété n'est plus divisée, et nulle part l'accession à la propriété n'est plus facile. Chacun peut prétendre maintenant à posséder un lopin de terre.

La fertilité du sol français est proverbiale. Nos amis l'envient et nos ennemis la jalousent. La ruée germanique a eu surtout pour but l'accaparement des terres. Le même instinct, on s'en souvient, qui guidait les hordes des Huns guide aujourd'hui les bataillons du Kronprinz; mais, dans les tranchées, le paysan français veille et veille bien.

Ce sol, riche et varié, est parmi les plus stables des éléments constitutifs du capital, du revenu et du crédit français. Avant la guerre, c'est-à-dire avant la grande hausse des denrées agricoles, la valeur de sa production annuelle, tant animale que végétale, atteignait au minimum vingt milliards de francs.

Quelques chiffres officiels permettent d'apprécier l'importance économique de la production agricole française. En 1913, la superficie cultivée en froment dépassait 6 millions 1/2 d'hectares. La production s'est élevée à 113 millions d'hectolitres d'un prix moyen de 17 fr. 30. La même année, la superficie cultivée en pommes de terre dépassait 1 million 1/2 d'hectares qui ont produit 136 millions de quintaux d'un prix moyen de 8 fr. 30 le quintal. A la même époque, plus d'un million 1/2 d'hectares cultivés en vignes ont produit 44 millions d'hectolitres d'un prix moyen de 34 francs. Quant aux forêts, qui couvrent en France près de 10 millions d'hectares, leur production dépasse annuellement 23 millions de mètres cubes de bois d'œuvre et de bois de feu.

Cette richesse et cette variété de productions pourraient être augmentées encore dans des proportions considérables. Si, en effet, pour le rendement des céréales à l'hectare, la France ne vient guère qu'au douzième rang parmi les nations du monde et au quinzième rang pour le rendement en pommes de terre, il est certain qu'une adaptation meilleure des cultures aux sols susceptibles de leur être affectés, l'acclimatation d'espèces nouvelles, la sélection et surtout une meilleure « façon » de la terre, réalisée au moyen d'instruments agricoles perfectionnés, accroîtraient ce rendement dans des proportions appréciables. A cet égard la motoculture, qui a reçu de la guerre une si forte impulsion, est appelée à rendre d'immenses services en permettant de cultiver de vastes espaces au moyen de tracteurs, dont les Syndicats de Crédit agricole faciliteront l'achat aux agriculteurs.

La lutte contre les parasites, animaux et végétaux, poursuivie avec ténacité, permettrait, d'autre part, d'augmenter sensiblement la production du blé en France. La moyenne décennale (1902-1912) de cette production s'est élevée à 90 millions de quintaux par an en chiffres nets; elle pourrait, sans trop d'efforts, atteindre 110 millions de quintaux.

Les engrais chimiques

Si le sol peut être considéré aujourd'hui comme une sorte d'immense usine dans laquelle les semences et les engrais de toute nature constituent les matières premières et les récoltes les produits finis, il est nécessaire d'approvisionner cette usine et de rendre à la terre ce qu'elle a prêté : les 600.000 tonnes d'azote, les 300.000 tonnes d'acide phosphorique, les 800.000 tonnes de potasse que les récoltes absorbent bon an, mal an. Dans cette restitution, le fumier n'intervient que pour moitié. Aussi la question des engrais chimiques est-elle capitale pour l'avenir de l'agriculture française où, si opiniâtre qu'il puisse être, l'effort personnel ne suffit pas.

La fabrication des fertilisants à base de nitrate paraît être appelée à un essor d'autant plus grand dans notre pays, riche en houille blanche, que c'est à peine si, en 1913, il fut utilisé 12 kilogrammes de nitrate de soude par hectare de terre labourable, alors que les agronomes en préconisent une dose de 200 à 250 kilogrammes.

La richesse de ses gisements algéro-tunisiens en phosphate de chaux classe la France au deuxième rang des pays producteurs de superphospate, immédiatement après la grande République alliée des États-Unis. En 1913, les usines françaises ont livré à la consommation 1.800.000 tonnes de superphosphate, d'un prix moyen de 52 fr. 50 (d'après la Commission Générale des valeurs en douane). La fabrication de ce produit permet, grâce à l'appoint fourni par les scories de déphosphoration, sous-produit de la fabrication de l'acier (733.000 tonnes en 1912, d'une teneur

variable entre 10 et 20 0/0) et par les superphos-
phates d'os, non seulement de pourvoir aux
besoins de l'agriculture française en acide phosphorique, mais encore de fournir à nos colonies
d'importantes quantités de cet engrais et d'entre-
tenir avec l'étranger un commerce d'exportation
dont les profits sont loin d'être négligeables.

A ceux qui pourraient objecter que le sous-sol
français est pauvre en sels de potasse, on peut
rappeler que l'Afrique du Nord en possède de
beaux gisements et que, parmi les problèmes
auxquels le retour de l'Alsace-Lorraine à la France
doit apporter une solution équitable, se place au
tout premier rang, la possession par notre pays,
des gisements de potasse de Cernay dont la masse
s'élèverait, dit-on, à 1.472.000 tonnes, et dont la
valeur a été estimée à plus de 75 milliards de francs.

L'utilité des engrais chimiques et les avantages
qui résultent de leur emploi ne sauraient être trop
souvent rappelés. C'est à quoi doivent tendre
les efforts des Etablissements d'enseignement agricole de tous rangs et ceux des professeurs dépar-
tementaux d'agriculture. Les laboratoires agricoles
et viticoles, les stations agronomiques d'essais et
de recherches, déjà nombreux en France, pourraient être augmentés encore de façon à tirer le
meilleur parti de la fertilité proverbiale du sol, fertilité que la généralisation envisagée de la distilla-
tion des houilles permettrait d'accroître en mettant
annuellement 600 000 tonnes de sulfate d'ammo-
niaque à la disposition de la culture.

Le minerai de fer

La richesse de la France et de ses colonies en minerai de fer, qui classe notre pays au premier rang des nations d'Europe, fut, comme la fertilité de son sol, l'une des principales causes des convoitises allemandes. Sur le sol français, le minerai de fer est répandu un peu partout : en Lorraine, dont la production atteignait avant la guerre 20 millions de tonnes; dans les Pyrénées, où il se trouve à l'état de pureté presque absolue; dans les départements du Calvados, de la Manche et de l'Orne qui abondent en gisements très riches d'un minerai carbonaté d'une teneur voisine de 50 0/0.

De récentes découvertes faites dans l'ouest permettent d'évaluer à 6 milliards de tonnes au moins les réserves de minerai de fer de la France, sans faire état de celles de l'Algérie-Tunisie.

En quatre ans, de 1908 à 1912, le pourcentage de l'accroissement de la production française en minerai de fer, qui a atteint 92 0/0, a été *supérieur de plus du double à celui de n'importe quel pays d'Europe*. Il n'a été dépassé que par celui de la Tunisie, protectorat français, dont la production en minerai de fer a bondi de 148.000 tonnes en 1908, à 478.000 tonnes en 1912. Aussi notre pays exportait-il chaque année avant la guerre près de 8 millions de tonnes de minerai.

Faut-il s'étonner, dès lors, que la fabrication de la fonte et de l'acier ait marché en France à pas de géants? La production de la fonte qui a dépassé 5.200.000 tonnes en 1913, n'excédait pas 2.700.000 tonnes en 1900. Quant à celle de l'acier, après avoir quadruplé en vingt ans pour arriver à 1.565.000 tonnes en 1900, elle a triplé en douze ans pour donner, en 1913, 4.686.000 tonnes. Un peu partout, sur notre territoire, les établissements métallurgiques se sont multipliés. Aujourd'hui on se soucie moins d'être « sur le minerai » ou « sur le charbon » que « sur la mer », à proximité des grandes voies maritimes de l'univers et, près de Caen, s'élève en Normandie l'une des plus importantes usines sidérurgiques du monde.

A ceux qui allégueraient la pauvreté relative de la France en combustible minéral, on pourrait répondre que, tant pour la production de la fonte courante au haut fourneau électrique que pour la fabrication de l'acier, l'électro-sidérurgie, qui a rendu tant de services à la Défense Nationale, est appelée à une extension dont il paraît imprudent de fixer les limites, en raison de notre grande richesse en forces hydrauliques. Le problème a été résolu industriellement en Suède, où 18 fours fonctionnaient en 1913, et au Canada. La préparation du fer par électrolyse ne peut, elle aussi, que grandir en importance.

C'est l'ingénieur français Martin qui, dès 1864, profitant des travaux de Réaumur, fabriqua pour la première fois industriellement de l'acier fondu. C'est le français Héroult qui rendit applicable à l'industrie métallurgique le four électrique inventé par Moissan. Dans ce domaine, comme dans tant d'autres, d'éclatantes découvertes sont dues au génie français. Que ne peut-on espérer de l'imagination créatrice de nos savants jointe à l'ingéniosité et à l'audace de nos industriels ?

Les voies navigables

Le transport des produits lourds intéresse au plus haut point l'avenir économique d'une nation. De bonnes voies fluviales et des canaux sont indispensables à sa prospérité; or, de ces si utiles « chemins qui marchent », suivant l'expression de Pascal, et « qui portent où l'on veut aller », notre pays est largement doté.

L'Annuaire statistique nous apprend en effet que le tonnage kilométrique de la navigation intérieure en France, qui n'excédait pas 2 milliards de tonnes en 1869, dépassait 6 milliards de tonnes kilométriques en 1912, triplant en une quarantaine d'années, alors que la longueur fréquentée des fleuves, rivières et canaux qui atteignait, en 1913, 11.350 kilomètres, n'augmentait elle-même que d'une centaine de kilomètres.

Quelques chiffres communiqués lors du dernier Congrès du Génie civil méritent de retenir l'attention. Pendant la période 1880-1913, sur nos rivières et nos canaux, le trafic a *quadruplé*, alors que le trafic des chemins de fer n'a fait que doubler. Que sera-ce lorsque seront établies des artères maîtresses constituant un réseau de grande navigation, assurant une communication ininterrompue entre les grands ports français et les régions industrielles pour des bateaux de plus de 500 tonnes, et un réseau secondaire mais continu pour bateaux de 300 tonnes.

Alors, le caractère à la fois isthmique et péninsulaire de notre pays, avec les précieux avantages qu'il comporte, apparaîtra dans toute sa valeur. Reliant Marseille à Dunkerque, une voie de communication à grand rendement, pourvue d'embranchements de Lyon à Genève, à Bordeaux et à Saint-Nazaire, traversera l'isthme français. L'amélioration de la Seine rendue accessible aux bateaux de 1.500 tonnes jusqu'à Paris, la navigabilité du Rhône depuis le lac de Genève, avec la création d'un grand port de triage à Lyon, sont actuellement étudiées. Par le Rhône pénétreront au cœur de l'Europe industrielle non seulement les vins, les ciments et les bauxites du Midi, mais tous les produits de notre Afrique du Nord : les minerais de fer et de zinc, les phosphates, les moutons et les laines, l'alfa et les primeurs. Au Rhin allemand doit répondre, comme voie navigable, le Rhône français.

Beaucoup prévoient d'ores et déjà que de pareilles entreprises permettraient, au moment de la démobilisation, de fournir un travail sain, utile et rémunérateur à nombre de soldats habitués à la vie au grand air et que rebute parfois un retour trop brusque à l'usine ou au magasin. Elles permettraient aussi l'emploi d'un matériel de transport dont l'armée est approvisionnée en abondance et peut-être même celui des explosifs accumulés.

Aussi bien, toutes les perspectives ne sont-elles pas ouvertes à une nation dont les capitaux ont permis le percement de l'isthme de Suez et de celui de Panama, qui vit naître sur son sol Riquet, de Lesseps et Freycinet, et sut achever, en pleine guerre, ce tunnel de Rove qui relie Marseille au Rhône, et dont on retira un volume le terre double de celui qui fut extrait des deux tunnels du Simplon, qui sont pourtant les plus longs du monde.

Les colonies françaises

Nos colonies, réparties de la façon la plus heureuse dans toutes les parties du monde, couvrent un territoire de 10 1/2 millions de kilomètres carrés et sont peuplées de 54 millions d'habitants. En tenant compte, dans la plus large mesure possible, des fractions de territoire qui peuvent être considérées comme sans valeur économique actuelle, il semble bien que nous possédions outre-mer au moins dix Frances, d'une grande fertilité et dont la variété de production, complémentaire de celle de notre sol, paraît susceptible de nous affranchir peu à peu du tribut onéreux que nous payons actuellement à l'étranger pour nos achats de produits exotiques. On éprouve quelque fierté à la pensée que ses possessions coloniales assurent à notre pays le deuxième rang dans le monde, après nos alliés de Grande-Bretagne.

La population de ces colonies a multiplié dans cette guerre les preuves de son loyalisme. Des centaines de milliers de combattants et d'ouvriers en sont venus pour participer directement ou collaborer à la défense du sol métropolitain. L'augmentation de la natalité dans les colonies françaises, jointe à l'augmentation des besoins et à l'accroissement de la puissance d'achat des indigènes, nous permettent d'envisager avec un véritable optimisme l'avenir de notre commerce colonial. Les dix millions d'Arabes et de Berbères de l'Afrique du Nord, les vingt millions de noirs de l'Afrique Occidentale et Equatoriale, les quinze millions d'Indo-Chinois sont déjà et continueront d'être, pour l'industrie française, des clients excellents. En 1913, nos colonies ont importé pour plus d'un milliard de francs de produits français ou coloniaux. Ce commerce doit se développer encore. L'Allemagne, par un emploi habile de procédés commerciaux appropriés à chaque colonie après une étude scientifique de ses besoins, et grâce aux larges facilités consenties à ses négociants par les banques d'exportation, était parvenue à développer d'une façon extrêmement rapide son commerce avec certaines de nos colonies. Il y a là une place à prendre par nos exportateurs métropolitains.

Quelques chiffres publiés dans l'Annuaire statistique de 1917 permettent d'apprécier l'ampleur du mouvement commercial de certaines de nos colonies. En 1900, les importations de l'Algérie se chiffraient par 323 millions de francs. En 1913, elles ont dépassé 729 millions de francs. Entre les mêmes dates, les importations de Tunisie progressaient de 61 millions 1/2 à 144 millions de francs ; celles du Sénégal, de 35 millions 1/2 de francs à 88 millions.

Pour certaines de nos colonies africaines le mouvement a été plus rapide encore. Le développement des voies de communication, la jonction si heureusement réalisée des voies ferrées et des grandes voies navigables que sont le Sénégal et le Niger sont appelées à faciliter grandement la pénétration des produits français dans tout l'ouest africain, où certaines régions de hauts plateaux salubres présentent le caractère de véritables colonies de peuplement.

Les colonies françaises

Considérer les colonies françaises comme d'ex-cellents débouchés et leurs habitants comme de bons clients actuels et éventuels des industries métropolitaines, c'est n'envisager qu'un seul aspect de la question. L'aide économique que nous ont prêtée nos colonies pendant la guerre nous permet, sans hasarder de prophéties, d'apprécier la valeur de celle que nous pouvons en attendre, le jour où un réseau ferré qui comportait au 1er janvier 1918 une longueur totale de 6.052 kilomètres, dont 2.064 kilomètres pour l'Indo Chine et 2.656 kilo-mètres pour l'Afrique Occidentale française, sera terminé et exploité.

Acheter en France ou en territoire colonial français les denrées nécessaires à la consommation du pays ou à l'activité de ses industries revient au même, surtout si, comme nous pouvons l'espérer, produits et marchandises sont transportés sous peu d'années sur des navires battant pavillon français. Dans tous les cas, les 797 millions de francs, en chiffres nets, qu'ont représentés en 1913 les exportations des colonies françaises à destination de la France métropolitaine et d'outre-mer, sont loin de traduire l'importance de l'aide que nous pouvons attendre de nos colonies, de l'Algérie, si riche en vins et en céréales, de l'Indo-Chine à laquelle ses plaines basses, bien irriguées, ont valu son surnom de « grenier à riz », de Madagascar où le cheptel bovin, dont il est malaisé de faire le recensement exact, semble atteindre au moins 4 millions de têtes, et de l'Afrique Occidentale considérée comme un immense réservoir d'huiles végétales, susceptible de pourvoir aux besoins des industries françaises de la savonnerie, de la glycérinerie et de la stéarinerie.

Rien n'atteste mieux la fertilité du sol de nos possessions coloniales que la place importante occupée par les produits agricoles dans leur commerce d'exportation. C'est ainsi qu'en 1913 l'Algérie a exporté pour 320 millions de francs de produits végétaux et 96 millions de francs de produits animaux. La même année, l'Indo-Chine exportait pour 250 millions de francs de denrées agricoles, le Sénégal pour 60 millions, Madagascar pour 45 millions de ces mêmes denrées.

La richesse forestière de nos colonies peut nous rendre les fournisseurs de presque toutes les nations.

Dans toutes ces régions, la richesse du sous-sol ne le cède guère à celle du sol. Charbon et zinc abondent au Tonkin : l'or et le graphite à Madagascar et à la Guyane, alors que le phosphate et le fer, bientôt peut-être le pétrole, suffiraient à faire la fortune de l'Afrique du Nord.

Le nombre des concessions minières en activité dans les colonies françaises, en 1913, s'élevait à 1.715, couvrant une superficie de 859.000 hectares. La valeur de la production minière totale se chiffrait par 37 millions de francs dont 17 millions de francs pour l'or. En 1913, l'Indo-Chine a exporté 510.000 tonnes de houille valant 6 millions de francs. Il y aurait là de quoi alimenter une industrie indigène active, à laquelle la main-d'œuvre ne ferait certes pas défaut.

L'expansion maritime

La situation privilégiée de la France sur trois mers en fait comme une jetée construite par la nature dans la direction des grands courants commerciaux du monde. Ses colonies nord-africaines, tournées vers l'Europe, et son Ouest-Africain, qui regarde vers l'Amérique du Sud, présentent un caractère péninsulaire aussi favorable. De Brest à New-York et de Dakar à Rio de Janeiro, la distance est à peu près la même.

Cette situation de notre pays et de ses possessions coloniales, l'heureuse disposition de ses ports dont certains, situés en eau profonde, pourraient abriter les flottes de commerce de toutes les nations le prédispose à jouer, dans les relations entre le nouveau monde et l'ancien, le rôle avantageux d'un négociant transitaire et d'un courtier.

Les causes de la décadence maritime de la France, résident surtout dans l'incertitude de notre politique maritime, l'indifférence de l'opinion en pareille matière et certaines erreurs auxquelles le système des primes a pu donner naissance. Elles ne sont pas de celles auxquelles on ne puisse remédier. Suivant l'appel de la Ligue Navale Française : « Notre pays aura une forte marine marchande quand il en aura la volonté ».

Ne possède-t-il pas pour cela des ports, du matériel et du personnel en abondance ?

La richesse de la France en minerai de fer et l'activité de son industrie sidérurgique, que la guerre a si fortement stimulée, ne laissent pas supposer que notre pays puisse jamais manquer de tôles, de profilés et de cornières, ni de toutes les pièces d'acier et de fonte nécessaires à la construction des bâtiments de mer. On peut prévoir qu'aussitôt après la guerre nos chantiers construiront plus de 500.000 tonnes par an. Des mesures viennent d'être prises pour augmenter le nombre des ouvriers de nos chantiers de constructions navales et améliorer leur outillage. Quant à la qualité du personnel naviguant qui, d'après une heureuse disposition de la loi, doit se composer pour les trois quarts au moins de Français, elle n'a plus, semble-t-il, à être mise en lumière. La guerre a révélé que les plus brillantes qualités d'initiative chez les équipages de la marine de guerre et de la marine marchande s'associaient à leurs traditionnelles qualités de courage et d'abnégation.

Le problème de la marine marchande, dans lequel tant de données s'enchevêtrent, était délicat avant la guerre, quand l'insuffisance de notre tonnage commercial nous obligeait à payer au pavillon étranger une dîme qu'on a évaluée à un million de francs par jour. Il deviendra angoissant après la guerre, car l'accroissement de nos importations et la hausse du cours des frêts aura presque décuplé le poids de ce tribut si onéreux. Le résoudre est d'une importance capitale pour l'avenir du pays. Une construction rapide de navires établis par séries et suivant un petit nombre de types, la création d'un réseau de canaux suffisant et la promulgation de tarifs d'exportation permettant de drainer vers nos ports les marchandises lourdes qui manquent à notre flotte, ne constituent pas des difficultés insurmontables pour ceux auxquels la Victoire aura appris à « vouloir ».

La pêche maritime

La pêche maritime peut être pour la France une source de production d'une valeur considérable. Notre pays a, en effet, la bonne fortune de posséder 3.000 kilomètres de côtes, des ports en grand nombre, et plus de 130.000 inscrits maritimes y vivent normalement de la pêche.

En 1913, cette industrie était pratiquée sur le le littoral français par 356 chalutiers à vapeur, 433 bateaux à moteur et 27.507 voiliers. Cette flotte — déjà fort importante — représentait une jauge supérieure à 270.000 tonnes et une valeur de plus de 73 millions de francs. Plus de 217.000 tonnes de poissons furent pêchées en mer au cours de cette même année, ce qui produisit une somme supérieure à 143 millions et demi de francs. Si on ajoute à ce chiffre le résultat de la récolte des huîtres, des moules et coquillages, c'est près de 189 millions de francs qu'il faut compter.

Mais un rendement bien supérieur peut et doit être obtenu après la guerre. Tandis qu'il faudra de longues années pour reconstituer le cheptel et ramener le prix de la viande à un prix normal, les richesses de la mer sont, elles, à notre immédiate disposition et en quantité pour ainsi dire illimitée.

A Saint-Pierre et Miquelon, un port de pêche avec dépôt de charbon et entrepôt frigorifique sera bientôt installé. Cette colonie, depuis trop longtemps désertée, promet de devenir le centre de ravitaillement d'une grande flottille de chalutiers à vapeur qui exploiteront les riches bancs de l'Atlantique Nord. A Lorient, la construction d'un port modèle a été décidée et les travaux commenceront incessamment. De Terre-Neuve et de la côte du Maroc, des navires munis d'installations frigorifiques viendront à Lorient débarquer le produit de leur pêche, lequel pourra être entreposé de façon à régulariser son écoulement et à éviter toute perte. Plusieurs grandes entreprises nouvelles de pêcheries sont en constitution. Le petit armement commence également de se transformer en utilisant le moteur qui permet de doubler le rendement des barques à voiles. Enfin, pour la première fois en France, on projette des entreprises de pêche à caractère industriel, utilisant le poisson de rebut pour l'extraction de l'huile, la fabrication de poudre servant à la nourriture des animaux et la préparation d'excellents engrais.

Voilà pourquoi on peut espérer voir doubler, en quelques années, le produit de la pêche maritime en France. Si le mouvement est bien conduit, le revenu doit tripler en dix ans.

D'autre part, l'industrie moderne commence à tirer parti des algues et varechs, si riches en brôme et en iode, qui peuplent les fertiles prairies marines. On n'ignore pas que ces végétaux contiennent de la potasse, mais on sait moins qu'avec le varech, le goémon et l'agar-agar on peut fabriquer de la cellulose, du papier, de la gélatine, de la soie artificielle et des aliments utiles pour le bétail.

Quant aux études faites pour utiliser la houille bleue, la puissante force des marées, elles semblent maintenant sorties de la période des tâtonnements. Le littoral français de l'Océan et de la Manche où, sur certains points, la marée totale atteint 12 mètres, est à cet égard le plus favorisé de toute l'Europe.

L'expansion commerciale

L'examen des statistiques relatives au commerce extérieur français nous apprend qu'en 1913, dernière année normale, alors que le total général des marchandises exportées se chiffrait par 6.880 millions de francs en chiffres nets, le total des objets fabriqués représentait une valeur sensiblement supérieure à la moitié du chiffre précité. Par ordre d'importance, les principaux éléments alimentant cette exportation de produits sortis de manufactures françaises étaient représentés par les tissus de soie et de bourre de soie (375 millions) ; les tissus de coton (367 millions) ; la carrosserie et les automobiles (278 millions) ; les tissus de laine (212 millions) ; la tabletterie et les articles de Paris (191 millions) ; les confections pour femmes (158 millions).

Que conclure de cette énumération sinon que, dans le domaine industriel et commercial, notre pays excelle à tirer parti de ses traditionnelles qualités de goût et d'ingéniosité qui lui assurent, dans le monde de l'élégance et du luxe, une évidente supériorité.

D'après l'« Evaluation de la production » publiée par le Ministère du Commerce, près de 125.000 personnes sont employées en France à l'industrie de la soie. La valeur de la production totale des étoffes de cette nature, non compris la rubannerie, la passementerie, la bonneterie et les dentelles, s'est élevée en 1912 à un demi-milliard de francs au moins. Au cours de la même année, la production de la seule fabrique lyonnaise a dépassé 358 millions de francs.

Ces chiffres, s'il en était besoin, mettraient en

pleine évidence l'union étroite qui existe en France entre le commerce et l'industrie. Aucun peuple n'exporte pour exporter, mais bien pour assurer à l'industrie nationale des débouchés avantageux et réaliser des bénéfices dont profitent : le travail par les salaires, et le capital par les dividendes distribués. Tous les facteurs d'où dépend la prospérité d'un pays s'enchaînent aujourd'hui plus étroitement que jamais. Les problèmes concernant l'industrie, le commerce, les transports et la monnaie sont incomplets et insolubles s'il ne sont étudiés dans leur ensemble et simultanément.

L'expansion commerciale de la France a servi depuis quelques années de thème à maintes controverses. On a comparé le volume de ses échanges à ceux des pays voisins, mais les termes de la comparaison sont-ils identiques? Certains pays, comme l'Angleterre, la Belgique et l'Allemagne dont le développement commercial a été cité en exemple, ont bénéficié l'un de sa situation insulaire et de sa supériorité maritime, l'autre de sa densité industrielle inégalée, le troisième de méthodes judicieuses et surtout du prestige de la victoire de 1870; tous d'une richesse en houille qui permet l'abaissement des prix de revient des produits manufacturés.

On peut être assuré pourtant aujourd'hui que la France, libre désormais de tirer le meilleur parti de toutes ses ressources, profitera après la victoire des efforts faits pour la cause commune et aussi de l'accroissement rapide du pouvoir d'achat et de la puissance d'exportation de ses colonies.

Le Tourisme

Le mot qui caractérise le mieux le sol de la France est : « variété ».

Cette variété, qui procède de causes complexes : géologiques, climatériques, ethniques même, y a attiré depuis fort longtemps les touristes. « Le plus beau royaume du monde après celui du ciel », comme disait un voyageur anglais du XVIIIe siècle, est pour l'étranger un de ceux qu'il faut connaître et avoir parcourus. Les voies de communication facilitent cette tâche, et le bon état du réseau routier français est proverbial. Les lacets des routes nationales (38.000 kilomètres), des routes départementales (14 à 15.000 kilomètres), et des chemins vicinaux (540.000 kilomètres) semblent écrire sur le sol de notre pays en traits ineffaçables les efforts des grands artisans de sa prospérité.

On conçoit que, dans de telles conditions, l'industrie hôtelière et celle du tourisme soient parmi les plus importantes industries françaises. C'est à un milliard de francs environ qu'on a pu évaluer le montant des capitaux investis dans les 25.000 hôtels de notre pays. C'est peu, si l'on tient compte du fait qu'avant la guerre, les dépenses effectuées chaque année en France par les seuls touristes Américains dépassaient largement 2 milliards de francs. Aussi le Touring-Club de France, qui compte 130.000 membres, a-t-il estimé récemment qu'il serait opportun et utile d'entreprendre le plus tôt possible la construction d'hôtels nouveaux et d'effectuer des réparations aux hôtels anciens.

L'impulsion que la guerre a donnée aux transports sur routes par automobiles doit tendre aussi à multiplier cette façon de voyager. En 1913, d'après l'Annuaire Statistique, il existait en France 91.000 automobiles d'une puissance totale de 1.174.000 H. P; 3.478.000 vélocipèdes ordinaires et 35.000 vélocipèdes à machines motrices. Ces chiffres sont faibles si on les compare au nombre d'automobiles qui circulent aujourd'hui aux Etats-Unis et en Angleterre. Des hôtels confortables et de bons moyens de transport doivent permettre aux étrangers de visiter aisément et dans tous ses détails le champ-clos de deux civilisations antagonistes qu'aura été la France pendant la guerre. Ce sont les conditions, pour notre pays, d'un rapide enrichissement et d'une amélioration de son change sur l'extérieur.

Enfin nos colonies, si variées, si pittoresques et dont certaines sont à une distance relativement faible des grandes agglomérations européennes, paraissent de nature à attirer les touristes que ne rebutent pas les traversées maritimes. Des syndicats d'initiative, analogues à ceux qui fonctionnent avec succès dans la métropole, ont été créés dans certaines d'entre elles et le nombre en devrait être augmenté. Les dépenses faites par les étrangers sur le territoire de la France d'outre-mer profiteront à la mère-patrie comme si elles étaient faites sur son propre sol.

Un enseignement spécial comportant la technique de l'exploitation des hôtels et l'étude des langues étrangères s'est créé depuis peu en France, où il a obtenu un vif succès. En pareille matière l'importance du personnel supérieur et subalterne ne saurait être négligée. C'est par des Français que les hôtels de France doivent être gérés et exploités désormais.

La coopération

La guerre, en élargissant le sens du mot coopération, l'a éclairci.

Il signifie : Travail en commun.

Peu à peu, il a pénétré tous les vocabulaires : celui de l'ouvrier, celui du paysan, celui de l'employé, celui du patron; et sa destinée a voulu que, dérivant d'une origine commune, il fût à peu près le même dans la langue de presque tous les peuples qui, dans une union magnifique, coopèrent aujourd'hui à la défense du Droit.

Est-il d'ailleurs un mot plus compréhensif, répondant mieux à ce besoin universel et impérieux qui pousse les hommes à s'associer pour se défendre, à se grouper pour vivre mieux et à s'unir pour pouvoir présenter une résistance plus grande à tous les risques de la vie? Car tel est bien le besoin essentiel et primordial auquel répond la constitution des Syndicats, des sociétés coopératives de production, de consommation et de crédit et des sociétés de secours mutuels.

Tout l'Évangile de cette nouvelle religion qu'est la coopération tient en cette courte phrase : « *Aidez-vous les uns les autres* ».

Les progrès réalisés en France par le mutualisme, le coopératisme, et le syndicalisme, ont été infiniment plus rapides que ne le laissait prévoir l'individualisme dont est si fortement empreint notre caractère national. Ils s'expliquent en grande partie par le bon sens proverbial d'un peuple qui a su, dès l'origine du mouvement auquel ils ont donné naissance, en prévoir et l'ampleur et les résultats.

Au 1er janvier 1913, il existait en France 16.510

Syndicats de toute nature, groupant environ 2 millions et demi de membres. A la même date, il existait 3.145 coopératives de consommation dont 2.970, publiant un bilan complet de leurs affaires, accusaient plus de 850.000 membres et un chiffre d'affaires de 314 millions de francs.

En janvier 1914, il existait 450 sociétés coopératives de production, dont la balance dépassait 73 millions de francs. Quant aux sociétés de secours mutuels, il en existait en 1913 21.000, groupant 5.300.000 membres et possédant un actif de 676 millions de francs.

L'énumération de ces chiffres paraît aride. Elle traduit pourtant un puissant effort de volonté dans un pays où la solidarité, qui s'affirme depuis quatre ans avec tant de force, n'est pas un vain mot. Par ses œuvres de prévoyance, d'assistance et d'hygiène sociale, la France se classe en bon rang. Il existait dans notre pays, en 1912, 1.892 hôpitaux et hospices pour lesquels il était dépensé plus de 200 millions de francs et, à la même époque, 231.000 enfants et 644.000 vieillards, infirmes et incurables étaient assistés de diverses façons. En bien des cas, dans la lutte engagée contre la misère et la maladie, l'Etat a montré la voie aux particuliers et aux sociétés philanthropiques. L'Assistance publique et la charité privée, loin de se concurrencer l'une l'autre, peuvent et doivent au contraire se prêter un mutuel appui. En cette matière, comme en tant d'autres, il faut de la méthode et de la ténacité pour obtenir de l'argent dépensé le meilleur rendement.

Les immeubles construits

Un vieux dicton populaire mesure la prospérité générale à celle de l'industrie de la construction. « Quand le bâtiment va, tout va », a-t-on coutume de dire. La réciproque serait peut-être encore plus vraie. Avoir pignon sur rue est aujourd'hui, en France, l'ambition de chaque citoyen. D'heureuses dispositions législatives et notamment les lois sur les habitations à bon marché permettent de la satisfaire assez aisément.

La valeur vénale de la propriété française bâtie est calculée tous les dix ans avec précision par l'Administration des Contributions Directes, lorsqu'elle procède à la révision des valeurs locatives qui servent de base à l'impôt foncier. La dernière enquête, celle de 1909-1910, révélait l'existence dans notre pays de 9.613.462 propriétés bâties (maisons et usines), d'une valeur locative de 3.319 millions de francs pour les maisons d'habitation et de 345 millions de francs pour les usines.

En tenant compte de la plus-value de la propriété foncière, qui ne serait guère inférieure à 800 millions de francs par an, et défalcation faite de la dette hypothécaire globale, il semble bien qu'on puisse chiffrer par 65 milliards de francs au minimum la valeur de la fortune immobilière française telle qu'elle est constituée par les habitations et les usines.

Cette valeur, qui a augmenté depuis un siècle dans des proportions considérables, a triplé en une cinquantaine d'années (19 milliards de francs en 1853 et 59 milliards en 1903), et beaucoup augmenté encore depuis dix ans. Ce fait témoigne de l'accroissement de la prospérité générale, du développement pris par l'industrie un peu partout, de l'expansion des cités et aussi, il faut bien le reconnaître, des tendances qui poussent les habitants des campagnes à venir habiter les villes, où ils comptent trouver les moyens d'une existence plus agréable et plus facile. Une évolution, essentiellement favorable à l'hygiène et à la santé publiques, se dessine d'ailleurs depuis peu assez nettement. Favorisée par le développement des moyens de communication avec la périphérie des grandes villes, elle se traduit par la création de cités-jardins. De pareilles entreprises, susceptibles de rémunérer avantageusement les capitaux engagés, méritent d'être encouragées. La guerre au taudis, première phase de la lutte contre la tuberculose, ne saurait être poursuivie avec trop de vigueur.

Il va sans dire que les chiffres précités ne concernent que la valeur vénale des bâtiments car comment pourrait-on apprécier en numéraire la valeur de ces merveilles architecturales que constituent les cathédrales, les palais et les châteaux dont les villes et les campagnes françaises sont en quelque sorte peuplées. Leur beauté intéresse pourtant les revenus généraux du pays. N'est-ce point, en effet, un élément de l'actif national que ces châteaux des bords de la Loire où affluent chaque année tant d'étrangers ?

A Paris, l'histoire de la prospérité française est comme écrite sur les façades des maisons de certains quartiers, sur beaucoup de ces quatre-vingt mille immeubles représentant au moins quatorze milliards de francs et qui se négocient d'habitude à un taux représentant quinze ou seize fois le montant de leur revenu brut.

Les valeurs mobilières

Tous les avantages que présentent les valeurs mobilières par rapport aux autres formes de placement : leur divisibilité en coupures de moyenne et de petite importance; leur négociabilité aisée et peu onéreuse; une cotation qui permet d'en connaître assez exactement la valeur; la périodicité des revenus de la plupart d'entre elles; la possibilité de les pouvoir conserver dans un coffre, à l'abri des regards indiscrets; leurs grandes facilités de transmission et de partage, enfin tous leurs caractères généraux devaient les faire apprécier des Français. Car, quel peuple pousse au même degré que le nôtre, avec l'amour de l'ordre et de la clarté, le souci de l'exactitude? Quel peuple est plus économe et cherche davantage à obtenir de ses épargnes un rendement qui le dédommage de la peine qu'il a prise à les constituer?

L'histoire de la constitution du portefeuille français de valeurs mobilières se confond presque, dans notre pays, avec celle du développement industriel auquel l'épargne a si puissamment contribué. Nous savons aujourd'hui, de façon certaine, qu'à la veille de la guerre, les valeurs mobilières possédées en propre par les Français atteignaient à un montant de 110 milliards de francs, représenté par 5.000 valeurs diverses, morcelées en coupures d'une importance moyenne de 500 francs. En 1912, ces valeurs mobilières paraissent avoir rapporté près de 5 milliards de francs; mais la marchandise qu'est l'argent subissant, comme toute autre, la loi de l'offre et de la demande, on conçoit que le taux moyen auquel se capitalisent les valeurs mobilières puisse se modifier parfois assez sensiblement.

Les besoins financiers des grands Etats modernes résultant de leur développement militaire, économique et social, les demandes de capitaux émanant de peuples jeunes, enfin les progrès de l'évolution industrielle, ont donné à la propriété mobilière une impulsion extrêmement rapide. Il ne semble pas qu'en 1853 le portefeuille français de valeurs mobilières ait dépassé 10 milliards de francs. Il atteignait le chiffre de 50 milliards de francs en 1878 et de 92 milliards de francs en 1903. En 1911, il a été introduit sur le marché de Paris (au parquet et en coulisse) pour 4 milliards 1/2 de francs de titres nouveaux qui ont été souscrits pour plus des deux tiers par des Français.

Rien, au surplus, n'atteste mieux la faveur témoignée par les Français aux placements mobiliers que le succès des Bons de la Défense Nationale, dont l'émission se poursuit sans interruption. Le montant des Bons placés pendant le mois d'août 1918 a atteint *deux milliards* de francs.

Une division extrême de la fortune mobilière, assez analogue au morcellement du sol, constitue l'une des garanties les plus précieuses de la solidité et de la stabilité du crédit français. A son maintien chaque citoyen est aujourd'hui directement intéressé. Cette « poussière d'épargne » qu'agglomère l'instinct de prévoyance est la base la plus solide des entreprises de l'avenir. C'est sur les épargnants, comme sur les travailleurs des deux sexes, que le pays compte pour mettre dans le plus court délai sa production au niveau du rang que la victoire doit lui assurer désormais dans le monde. L'expérience du passé prouve que cette confiance ne saurait être mieux placée.

La richesse de la France

Tous les éléments de l'actif français : la propriété foncière bâtie et les valeurs mobilières, aussi bien que la valeur des fonds de commerce, des industries et des stocks de marchandises et de monnaies, constituent le capital national, l'ensemble des fortunes privées de notre pays.

L'inventaire de cette richesse a été établi à différentes époques avec une assez grande précision, bien que la fortune nationale ne soit pas dans notre pays, comme elle l'est en Amérique, l'objet d'un recensement officiel régulier. En 1889, M. de Foville a rendu compte des travaux des économistes et des statisticiens qui l'avaient précédé dans cette voie. Il en résulte qu'en 1853, M. E. de Girardin évaluait à 125 milliards l'ensemble des fortunes privées françaises; M. Wolowski l'estimait à 175 milliards de francs en 1861; le duc d'Ayen à 195 milliards en 1872; le docteur Vacher à 260 milliards en 1878.

Les travaux plus récents de MM. Paul Leroy-Beaulieu, Neymarck (pour les valeurs mobilières), E. Théry, R. G. Lévy, de Lavergne et Henry, et Pupin permettent d'affirmer qu'avant la guerre la fortune de notre pays pouvait, sans exagération, être évaluée à un montant voisin de *300 milliards de francs*. C'est à un chiffre très voisin qu'ont abouti, en effet, les grandes enquêtes officielles prescrites par le Gouvernement ou le Parlement.

Mais un chiffre, si méthodiques et si consciencieux qu'aient été les travaux qui ont permis de le fixer, doit être contrôlé sans cesse et revérifié. Là chose est possible, grâce au procédé de l'annuité successorale qui permet, connaissant le montant des successions et donations taxées annuellement, d'apprécier approximativement la valeur globale des capitaux privés. Si, en effet, on multiplie par le nombre 35, représentant la durée moyenne d'une génération, le chiffre annuel des dévolutions par décès ou entre vifs, en tenant compte de l'évasion fiscale et de l'importance des biens de mainmorte, il est clair qu'on peut aboutir ainsi à une sorte d'inventaire du montant du capital national.

S'il n'est que trop vrai que la guerre a fait, dans le bloc des fortunes privées françaises, une brèche dont nous ne nous risquerons pas à évaluer l'importance, il est à présumer pourtant que le travail persévérant et l'épargne de quelques années porteront rapidement notre capital national au niveau qu'il atteignait avant les hostilités. Le prestige de la victoire n'est pas un vain mot et les clauses du traité de Francfort ont pesé quarante-trois ans sur la production française de façon à entraver sensiblement son essor. Libéré d'une semblable hypothèque, notre pays poursuivra, dans une paix pleine de gloire et de profits, le cours des destinées économiques que son héroïsme aura désormais fixées. Les qualités d'initiative qu'a révélées la guerre, les progrès réalisés dans différentes branches scientifiques, enfin la sympathie générale que les plus grandes nations du monde ont témoignée à notre pays ensanglanté sont des facteurs dont il est impossible de méconnaître l'importance à l'aube d'une restauration. Du même cœur dont il a participé directement ou indirectement à la défense du sol, chacun favorisera dans l'avenir sa mise en valeur. Le problème de la production est un problème national. La France entière, en lui donnant la meilleure des solutions, contribuera à un enrichissement dont tous sont sûrs de profiter.

Le revenu national

La richesse d'un pays, comme celle des particuliers, peut se décomposer en capital et en revenus. Ces revenus peuvent provenir eux-mêmes de différentes sources : du capital, du travail ou du travail et du capital combinés.

Qu'il s'agisse de déterminer son revenu ou d'apprécier la façon dont il se répartit, le chiffre de la population d'un pays est extrêmement important à connaître. D'après la statistique la plus récente, celle de 1911, la France comptait 39.602.000 habitants, dont la moitié, au minimum, représentait la population active du pays.

Le total des revenus individuels existant en France et dont nos nationaux disposent annuellement pour leurs besoins, pour leurs plaisirs ou pour l'épargne, a été l'objet d'assez nombreuses recherches. Il est à croire que, sous le Premier Empire, alors que la population française ne dépassait pas, il est vrai, 28 millions d'âmes, les revenus n'excédaient guère 8 à 10 milliards de francs. En 1860, ils s'élevaient à 15 milliards de francs. En 1889, on les évaluait à un montant compris entre 20 et 30 milliards. Dans ces conditions, le chiffre de 32 milliards de francs donné par la plupart des économistes pour la période qui précède la guerre, n'apparaît pas comme exagéré.

Les petits et les moyens revenus constituent de beaucoup la plus grosse masse de matière imposable dans cette démocratie financière qu'est la France. D'après un discours du Ministre des Finances, en date du 12 juillet 1906, sur plus de 13 millions de fortunes individuelles, il n'y en avait pas, à cette époque, 100.000 dont les revenus fussent supérieurs à 10.000 francs, c'est-à-dire représentant, à 4 0/0 ou à 3 0/0, un capital de 250.000 à 333.000 francs.

On conçoit aisément que le classement de ces revenus d'après leur origine puisse présenter une extrême difficulté. De certaines enquêtes poursuivies à ce sujet il résulte pourtant que les revenus du travail représentent environ 45 °/° du montant global et ceux du capital 30 °/° environ. L'excédent serait constitué par les revenus provenant du capital et du travail combinés. Ils sont importants dans un pays qui, d'après le recensement officiel de 1911, compterait plusieurs millions de patrons. A un autre point de vue les revenus d'origine agricole paraissent être d'un montant égal aux revenus d'origine industrielle.

Quant au revenu colonial, qui est loin d'être négligeable, il se développera avec la mise en valeur de nos possessions d'outre-mer. Certaines de nos colonies, par l'ampleur de leur participation aux Emprunts de la Défense nationale, ont montré qu'elles étaient des réservoirs importants de disponibilités liquides.

Développer le revenu national par la mise en œuvre intelligente de ses richesses naturelles, c'est, en même temps, développer le bien-être individuel et la force contributive du pays dont on exige un effort fiscal annuel supérieur maintenant à 8 milliards de francs. Si rude qu'ait été le coup porté par la guerre à différentes branches de la production, l'énergie française, qui s'est affirmée si magnifiquement sur les champs de bataille, a été assez puissante à l'arrière pour y parer. L'esprit nouveau qui anime la France au travail est, à cet égard, le meilleur garant de l'avenir.

L'épargne française

Le rôle joué par l'épargne dans la vie française est immense. Après avoir réparé, en quelques années, les désastres de la guerre de 1870 et libéré le territoire, elle est, dans la guerre actuelle, l'un des plus importants éléments de la résistance nationale. Conditionnant l'effort financier, elle lui donne toute sa valeur. Le succès des différents Emprunts de la Défense Nationale et l'intelligent empressement dont témoignent les capitalistes français dans leurs souscriptions aux Bons et Obligations émis par l'État constituent les meilleurs indices de la patriotique confiance que tous placent dans le crédit et la richesse de la France. Du 1er août 1914 au 31 décembre 1917, ils ont prêté à leur patrie près de 50 milliards de francs. Ainsi se manifeste le proverbial esprit français de prévoyance auquel nos ennemis eux-mêmes ont été contraints de rendre l'hommage le plus mérité.

De tous les facteurs qui doivent se trouver réunis pour que l'épargne se forme et se développe : importance des revenus, prix peu élevé des denrées et produits nécessaires à la satisfaction des besoins de l'existence, etc..., l'instinct de prévoyance est peut-être le plus important. A l'effort de restriction volontaire, la guerre actuelle donne sa pleine valeur d'utilité.

L'épargne, dont le goût est général dans notre pays au point que, d'après ses historiographes, elle semble se répartir entre 9 millions de personnes au moins sur 40 millions de Français, revêt tant de formes et affecte tant de modalités qu'on ne peut la chiffrer chaque année avec une absolue précision. Il y a une dizaine d'années, on estimait que la réserve d'épargne de la France augmentait annuellement de 1.500 millions à 2 milliards de francs. En avril 1912, M. P. Leroy-Beaulieu écrivait que l'épargne française annuelle nette, car il faut déduire de l'épargne économe les pertes par faillites, déconfitures, etc., pouvait être estimée à près de 2 milliards et demi à 3 milliards de francs. Un inventaire du capital national à une époque plus récente a permis d'établir qu'entre 1878 et 1903 la formation de nouveaux capitaux a dépassé 51 milliards, soit un peu plus de 2 milliards annuellement. Les mêmes recherches, portant sur la période comprise entre 1903 et 1911, ont fait connaître que les Français ont pu, entre ces deux dates, constituer chaque année un capital additionnel de 3 milliards et demi.

Ce goût traditionnel des Français pour l'épargne lui a valu parfois les éloges de ses ennemis. « Je connais la France, disait naguère le prince de Bulow dans un discours au Reichstag ; elle doit sa richesse à son activité et plus encore à son économie digne d'admiration ».

Le succès des Caisses d'épargne, que contaste le diagramme ci-joint, celui de la Caisse Nationale des retraites pour la vieillesse dont les versements, qui atteignaient 56 millions en 1900, se sont élevés à 127 millions en 1913, le montrent assez clairement. En 1912, sur 1 000 Français, 366 possédaient un livret de Caisse d'épargne. La moyenne du solde par habitant était de 145 francs; la moyenne du solde par livret était de 386 francs.

Le crédit en France

Le crédit, que l'Economie politique définit : l'échange d'une richesse présente contre une richesse future, est l'un des éléments d'une production intense parce qu'il permet de continuer à produire sans attendre d'avoir été payé. Il est donc plus indispensable que jamais aux belligérants, et le restera dans la période de restauration qui suivra la guerre. Mais il ne peut durer que si les débiteurs tiennent leurs engagements et s'il est distribué d'une façon méthodique avec la garantie de réserves scientifiquement calculées. Les banques sont les organes de cette répartition. De leur bon fonctionnement dépend la durée du crédit. Sinon, la défiance tue ce dernier et les crises paralysent la production. La France a d'excellentes banques qui avaient fait d'elle avant la guerre le réservoir le mieux pourvu de ressources liquides.

La diversité des besoins de crédit a motivé en France le nombre et la variété de ces établissements financiers. Il n'est pas de ville qui n'en possède au moins un. Tous ont exercé une action utile et efficace par la concentration des capitaux disponibles que l'ouverture de leurs comptes de dépôts a grandement développée et stimulée. L'importance de leur capital et de leurs réserves donne toute garantie aux déposants. En 1913, sept de ces établissements possédaient ensemble un portefeuille commercial voisin de 4 milliards de francs; ils avaient, en outre, accordé près de 4 milliards de francs de crédit sous forme d'avances à terme ou en compte courant, de reports et d'acceptations.

Certains d'entre eux consacrent une grande

partie de leur activité à des émissions de titres et à des participations financières à longue échéance dans des entreprises commerciales et industrielles. En 1913, sept d'entre les banques les plus connues avaient un capital et des réserves dont le total atteignait environ 700 millions de francs, équivalant à plus du tiers de leur actif. Quant aux banques de province, dont quelques-unes sont fort anciennes, elles bénéficient depuis le commencement du xxe siècle d'une renaissance due à des initiatives intelligentes et dévouées ainsi qu'à l'esprit d'association qui les a fortifiées. Leur intervention semble devoir être particulièrement féconde et nécessaire pour la mise en valeur des richesses naturelles de toutes les régions françaises.

La nécessité de mettre à la disposition des industries productrices de matériel de guerre les moyens financiers leur permettant d'intensifier leur effort de fabrication, a conduit les Etablissements de crédit à modifier assez sensiblement leur orientation. Des industriels importants et des maîtres de forge sont entrés récemment dans leurs conseils d'administration. Cette pénétration est essentiellement favorable aux intérêts généraux du pays. Le flot des capitaux disponibles, dont les Banques sont le réservoir régulateur, doit, en se déversant sur elles, vivifier les entreprises de demain.

Pareillement, la création projetée d'une grande Banque d'exportation mettra à la disposition des négociants français les crédits à long terme qui leur ont si longtemps fait défaut et qui sont une des conditions nécessaires d'une expansion commerciale dont il n'est plus besoin, semble-t-il, de démontrer l'utilité.

La Banque de France

Fondée en 1800 pour sauver le pays d'une crise financière qui fut une des principales causes de la Révolution française, et que celle-ci, aux prises avec les plus graves dangers extérieurs, n'avait pu malheureusement conjurer, la Banque de France, tout en assurant l'abondance de fonds disponibles à un faible intérêt, a régularisé le crédit qui s'est maintenu à la hauteur des besoins, même pendant les périodes de guerre. De 1875 à 1913, le taux d'escompte de la Banque de France est constamment resté au-dessous de 4 0/0 et a oscillé, pendant de longues années, entre 2 et 3 0/0. Ce taux, bien inférieur à celui des autres grands pays, a subi des variations beaucoup moins considérables.

La stabilité du concours de la Banque est dû à la sagesse même des principes qu'elle a suivis en matière d'escompte et d'émission, ainsi qu'à la force de ses encaisses. Chargée des importantes fonctions qui consistent à pourvoir la Nation d'une monnaie fiduciaire commode et saine, elle s'est toujours tenue dans les limites légales et a su élargir le stock de métaux précieux qui sert de base au billet. Ce gage métallique est passé de 513 millions de francs en 1860 à 3.433 millions de francs en 1913 et à 5.683 millions de francs au milieu de 1918.

La Banque a, d'autre part, veillé à la qualité de l'escompte, tout en le rendant aussi facile que possible pour les porteurs de lettres de change, de warrants commerciaux ou agricoles et d'autres effets négociables. En 1913, le mouvement total de ses escomptes a dépassé 20 milliards de francs. Il portait, pour une large part, sur du papier provenant du petit commerce. A ces opérations, elle joint les avances, la réception de dépôts, la garde de titres, l'exécution d'ordres de Bourse, les transferts de fonds comprenant les virements sur place dont le mouvement atteignait près de 310 milliards de francs en 1913, etc., outre les opérations en Chambre de Compensation.

La puissante situation de la Banque de France, reconnue du monde entier, a allégé les opérations financières de la guerre, et, en particulier, le paiement des approvisionnements achetés à l'étranger. Par elle, le crédit, indispensable à la production en paix comme en guerre, a été fortifié et développé. Elle a participé, de la façon la plus efficace, au placements des Emprunts d'État et de ces Bons et obligations de la Défense nationale qui constituent le type le meilleur et le plus populaire des placements à court terme. Leurs avantages ont été maintes fois exposés. C'est, en bloc, la sécurité absolue jointe à un rendement élevé, une grande facilité d'achat, l'exemption d'impôts; et rien n'est plus aisé d'autre part que d'obtenir de l'argent liquide en les nantissant.

La création récente du Bon à un mois dont l'intérêt, perçu immédiatement, est de 0 fr. 30 pour le premier mois et qui se renouvelle d'une façon automatique, met à la disposition de tous un placement exceptionnellement rénumérateur et un précieux moyen de trésorerie. En vulgarisant l'emploi de ces Bons qui permettent d'éviter, dans la plupart des cas, une accumulation inutile de billets de banque, la Banque de France a coopéré efficacement à la défense du sol et bien mérité de la patrie.

Le devoir de l'argent

A la création et au développement de la richesse nationale, le travail et le capital français ont depuis des siècles, en harmonie intime, coopéré. Apprécier dans un exposé succinct des résultats accomplis l'importance du rôle joué par chacun d'eux paraît impossible, tant ils se combinent étroitement. Et d'autre part, pas plus qu'on ne songe à nier dans la science l'influence bienfaisante de l'hypothèse, on ne saurait nier, dans toute entreprise humaine tendant à des fins utiles, le rôle efficace de l'imagination créatrice. Le génie français a sa part — une grande part — dans l'œuvre de production.

Les reproches qui ont été parfois adressés aux capitalistes de notre pays sont inhérents au caractère national d'un peuple qui, en dépit d'un bon sens proverbial, s'attarde de temps en temps dans la routine ou cède à des emballements irréfléchis. Mais nul, même parmi nos ennemis, n'a depuis quatre ans suspecté le patriotisme des détenteurs du capital national. En concentrant sur la nécessité de défendre le sol et le patrimoine communs toutes les actions et toutes les pensées, la guerre a tracé des directives auxquels l'argent français s'est immédiatement conformé. Peut-être a-t-il pris ainsi, une conscience plus nette de la grandeur de sa tâche et de l'efficacité de son action.

A aucune époque, il faut bien le reconnaître, les placements en valeurs d'Etat n'ont présenté plus d'attraits. « L'esprit d'invincibilité » qui, au dire de certains auteurs allemands, anime les guerriers de France, inspire aussi les épargnants de ce pays. A l'impression d'absolue sécurité que donnent les

Emprunts de la Défense Nationale, soit qu'ils revêtent la forme d'une créance à long terme, soit qu'ils affectent celle de Bons et Obligations remboursables à court terme, s'ajoutent les avantages substantiels de leur taux d'intérêt. Parce qu'ils ont pour gage l'honnêteté traditionnelle et la richesse de la nation, le public leur a fait et continuera de leur faire l'accueil le plus justifié. *Aux appels du ministre des Finances, il a accoutumé maintenant d'obéir comme à un ordre de mobilisation.* Mais l'enthousiasme n'exclut pas chez lui la réflexion et n'obscurcit pas le jugement. Le succès des émissions faites par l'État français pendant la guerre provient aussi de ce que leurs conditions résistent à l'examen le plus pénétrant.

L'habitude des placements nationaux — de ceux dont, directement ou indirectement, profite la nation — survivra à la guerre dont elle aura contribué à assurer et à hâter l'issue victorieuse. Conscients de leur devoir, les capitalistes français auront à cœur de le remplir eux aussi « jusqu'au bout ». De l'expansion économique du pays qui sera leur œuvre et de la prospérité générale à laquelle ils auront participé, on les verra, comme le travail, bénéficier largement.

897 — Imp. Art. « LUX », 131, boul. St-Michel, Paris

Diagrammes et Graphiques

relatifs à

L'ÉCONOMIE NATIONALE

FRANÇAISE

COMMENT SE RÉPARTISSAIENT EN 1913, ENTRE LES DIVERSES CULTURES LES DIFFÉRENTES PARTIES DU TERRITOIRE FRANÇAIS [1]

Surface totale du territoire
52.952.579 hectares.

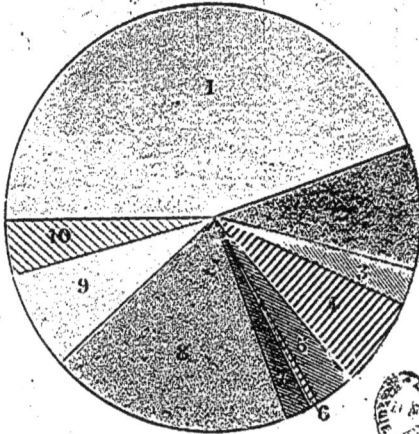

1. Terres en culture, en jachère, en prairies artificielles ou en prairies temporaires : 23.651.100 hectares
2. Prés naturels : 4.908.668 »
3. Herbages : 1.490.870 »
4. Paturages et pacages : 3.648.150 »
5. Vignes : 1.616.621 »
6. Cultures maraichères : 266.845 »
7. Cultures diverses : 960.410 »
8. Bois et forêts : 9.886.101 »
9. Landes et terres incultes : 3.793.450 »
10. Territoires non compris dans les catégories ci-contre : 2.729.450 »

[1] (Annuaire Statistique p 147)

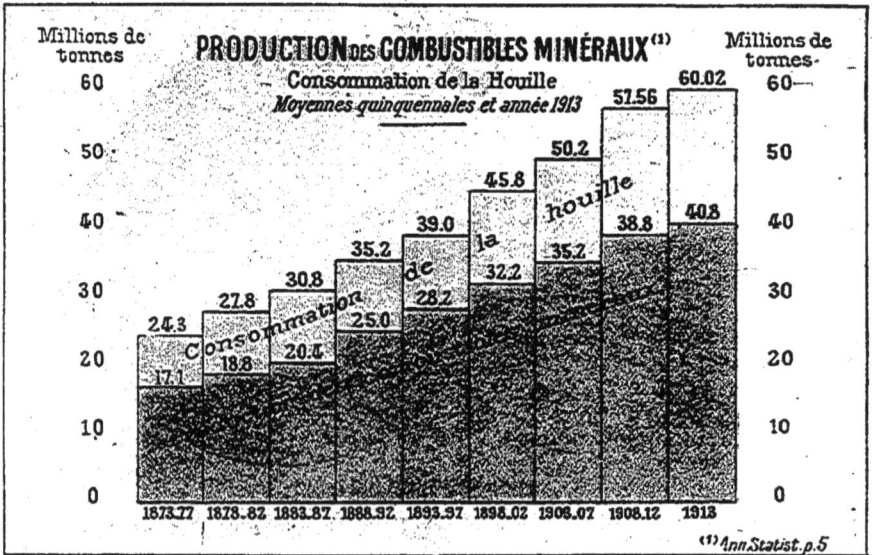

PRODUCTION DES COMBUSTIBLES MINÉRAUX[1]

Consommation de la Houille

Moyennes quinquennales et année 1913

Millions de tonnes

[1] *Ann.Statist. p.5*

PRODUCTION DE LA FONTE (1ʳᵉ FUSION)[1]

Production du fer et de l'acier
Moyennes quinquennales et année 1913

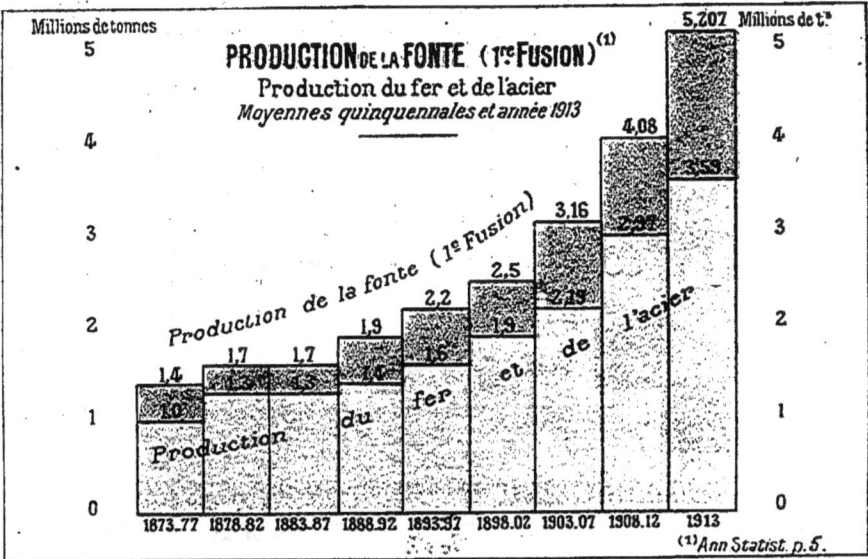

Millions de tonnes

5

4

3

2

1

0

Production de la fonte (1ᵉ Fusion)

Production du fer et de l'acier

5,207 Millions de t.ˢ

4,08

3,16

2,5

2,2

1,9

1,7   1,7

1,4

1873.77 1878.82 1883.87 1888.92 1893.97 1898.02 1903.07 1908.12 1913

[1] Ann. Statist. p.5.

COMMERCE SPÉCIAL[1] (NUMÉRAIRE NON COMPRIS) D'APRÈS L'ANNUAIRE STATISTIQUE
(p 5° et suivantes)

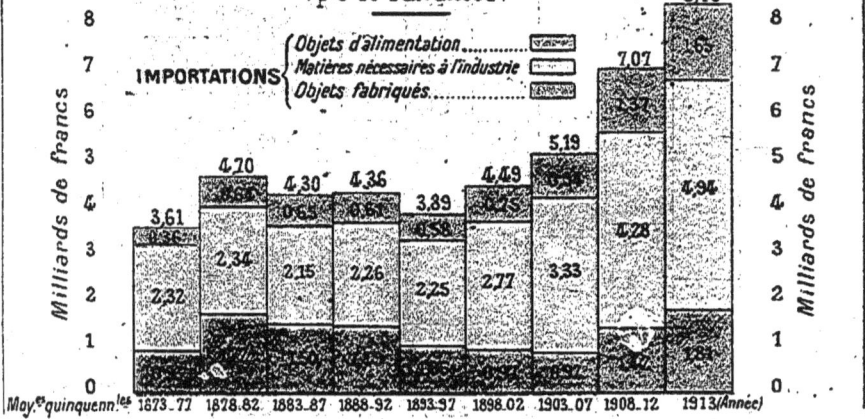

8,40

Milliards de francs

IMPORTATIONS { Objets d'alimentation..........
Matières nécessaires à l'industrie
Objets fabriqués...............

7,07

5,19

4,70   4,30   4,36   4,49
                        3,89

3,61   1,65

        2,34   2,15   2,26   2,25   2,77   3,33   4,28   4,94

2,32

Milliards de francs

Moy.° quinquenn.les 1873-77 1878-82 1883-87 1888-92 1893-97 1898-02 1903-07 1908-12 1913(Année)

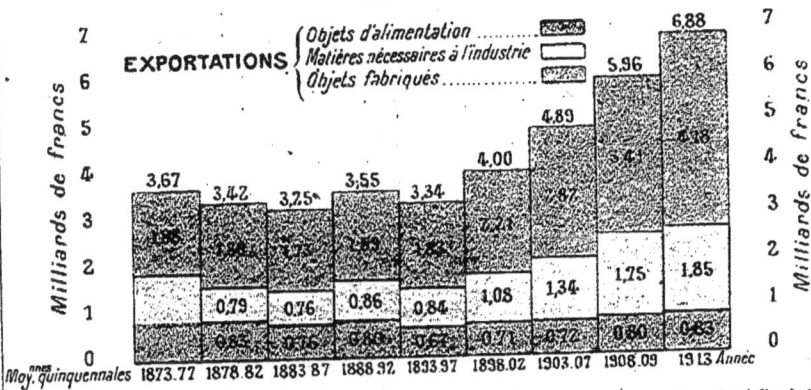

COMMERCE SPÉCIAL[(1)] (NUMÉRAIRE NON COMPRIS) D'APRÈS L'ANNUAIRE STATISTIQUE
(p 5 et suivantes)

EXPORTATIONS { Objets d'alimentation ....
Matières nécessaires à l'industrie
Objets fabriqués ....

Milliards de francs

3,67 3,42 3,25 3,55 3,34 4,00 4,89 5,96 6,88

0,79 0,76 0,86 0,84 1,08 1,34 1,75 1,85

Moy. quinquennales 1873.77 1878.82 1883.87 1888.92 1893.97 1898.02 1903.07 1908.09 1913 Année

(1) Le commerce spécial comprend : à l'importation : 1° toutes les marchandises mises en consommation, c'est-à-dire la totalité des marchandises exemptes de droits et les marchandises taxées soumises à l'acquittement des droits, soit arrivant en France, soit extraites des entrepôts ; 2° les sucres importés des colonies ou de l'étranger et déclarés sous le régime de l'admission temporaire ; à l'exportation : 1° la totalité des marchandises nationales exportées et les marchandises qui, ayant été admises en franchise ou natio-nalisées par le payement des droits et se trouvant par suite sur le marché libre de l'intérieur, sont renvoyés à l'étranger ; 2° les sucres exportés à la décharge des comptes d'admission temporaire.

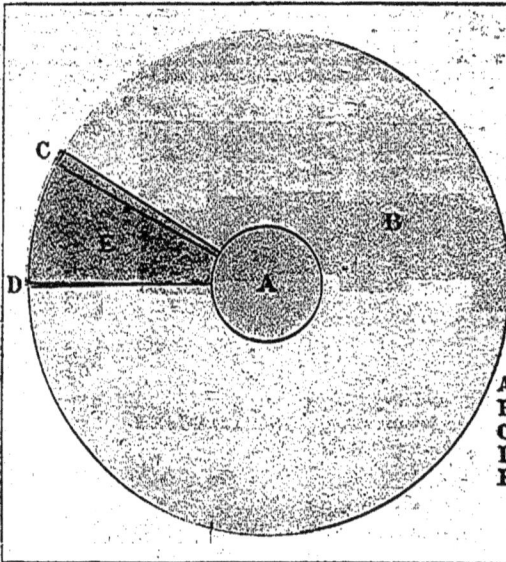

Superficie totale des —
COLONIES ET PROTECTORATS FRANÇAIS
aux environs de l'année 1911 [1]
10.592.842 kilomètres carrés.

A France		536,463 kil. carrés
B Colonies d'Afrique		9 675.375 kil. carrés
C Colonies d'Amérique		91.248 kil. carrés
D Colonies d'Océanie		22.651 kil. carrés
E Colonies d'Asie		803,568 kil. carrés

[1] *Annuaire Statistique p. 366*

Population de la France en 1911 : 39.601.509 habitants

(1) Amérique. 450.000 hab
(2) Océanie. 80.000 hab

Population des Colonies Françaises aux environs de l'année 1911 : 54.725.000 hab.

Afrique · 36.922.000 habitants

COMMERCE DES COLONIES FRANÇAISES ET PAYS DE PROTECTORAT EN 1913 (Commerce général)

TOTAL DES IMPORTATIONS : 1.703.9 millions de francs.

Algérie 729.1 millions	Indo-Chine 306.2 millions	Afrique E. 157.5 millions	Maroc 217 millions	Tunisie 144.2 millions	Autres colonies 177 millions

TOTAL DES EXPORTATIONS : 1.537.5 millions de francs.

Algérie 562.9 millions	Indo-Chine 305.2 millions	Tunisie 78.5 millions	Afrique Fr. 126.? millions	Autres colonies 261 millions.

(Annuaire Statistique 1914. p. 301)

DÉVELOPPEMENT DES CHEMINS DE FER EN FRANCE (Intérêt général et intérêt local)

Longueur moyenne exploitée pendant l'année.
(d'après l'Annuaire statistique de 1917 p.57 et suivantes)

Milliers de kilomètres

40

30

20

10

0

Intérêt général

Intérêt local

499 Kilomètres

2.915 Kilomètres

9.167 Kilomètres

15.544 Kilomètres

23.089 Kilomètres

2.105 Kilomètres

3.015 Kilomètres

4.676 Kilomètres

8.714 Kilomètres

33.280 Km

38.109 Km

40.484 Km

1840 1850 1860 1870 1880 1890 1900 1910

Milliers de kilomètres.

40

30

20

10

0

DÉVELOPPEMENT DE L'EXPLOITATION DES Cⁱᵉ DE FER
(Intérêt général et local)

Nombre de voyageurs en 1890 : 251.560.000

Nombre de voyageurs en 1912 : 574.046.000

Nombre de tonnes transportées à toutes distances en P.V. en 1890
95.605.000

Nombre de tonnes transportées à toutes distances en P.V en 1912
209.348.000.

Recettes totales en 1890 : 1.162.668.000 fr.

Recettes totales en 1912 : 2.044.895.000 fr.

DÉVELOPPEMENT DE L'EXPLOITATION DES VOIES NAVIGABLES

Nombre de tonnes transportées à 1 Kil. en 1890 : 3.216 millions

Nombre de tonnes transportées à 1 Kil. en 1912 : 5.850 millions

DÉVELOPPEMENT DE L'EXPLOITATION DES POSTES

Nombre de lettres ordinaires, chargées et recommandées en 1890.
748 millions

Nombre de lettres ordinaires chargées et recommandées en 1912 :
1.609 millions

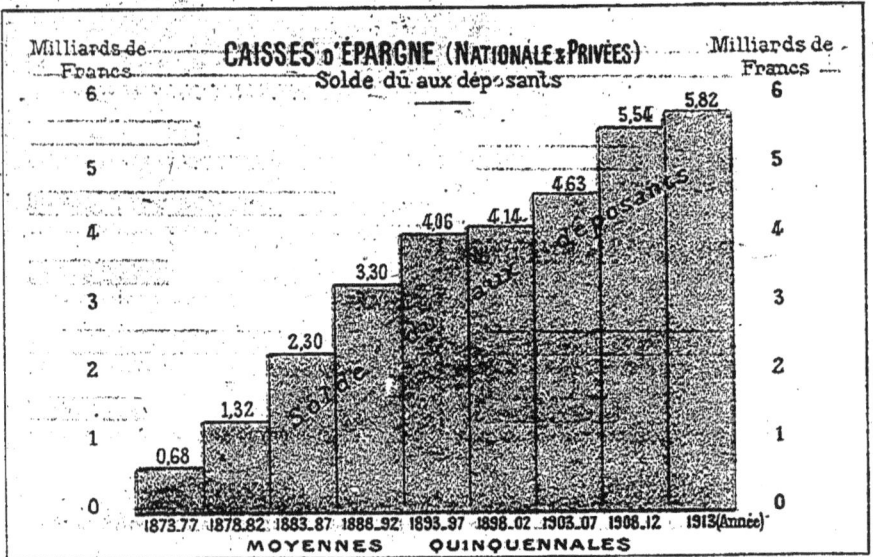

CAISSES D'ÉPARGNE (NATIONALE & PRIVÉES)
Solde dû aux déposants

Milliards de Francs

Années	Milliards
1873-77	0,68
1878-82	1,32
1883-87	2,30
1888-92	3,30
1893-97	4,06
1898-02	4,14
1903-07	4,63
1908-12	5,54
1913 (Année)	5,82

MOYENNES QUINQUENNALES

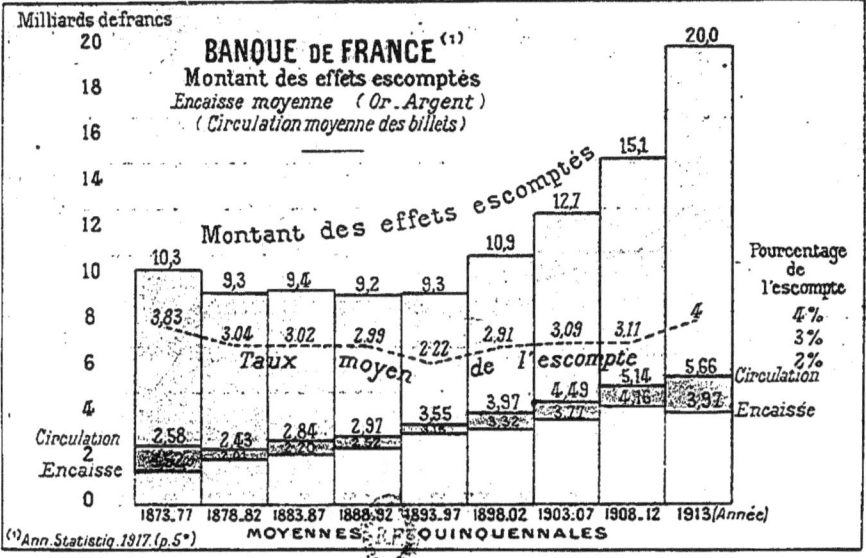

Milliards de francs

BANQUE DE FRANCE [1]
Montant des effets escomptés
Encaisse moyenne (Or . Argent)
(Circulation moyenne des billets)

Montant des effets escomptés

Pourcentage
de
l'escompte

Taux moyen de l'escompte

Circulation
Encaisse

[1] *Ann.Statistiq.1917.(p.5°)*

MOYENNES QUINQUENNALES

20,0 — 1913 (Année)
15,1 — 1908.12
12,7 — 1903.07
10,9 — 1898.02
10,3 — 1873.77
9,3 — 1878.82
9,4 — 1883.87
9,2 — 1888.92
9,3 — 1893.97

3,83   3,04   3,02   2,99   2,22   2,91   3,09   3,11   4

2,58   2,43   2,84   2,97   3,55   3,97   4,49   5,14   5,66

3,32   3,77   4,16   3,91

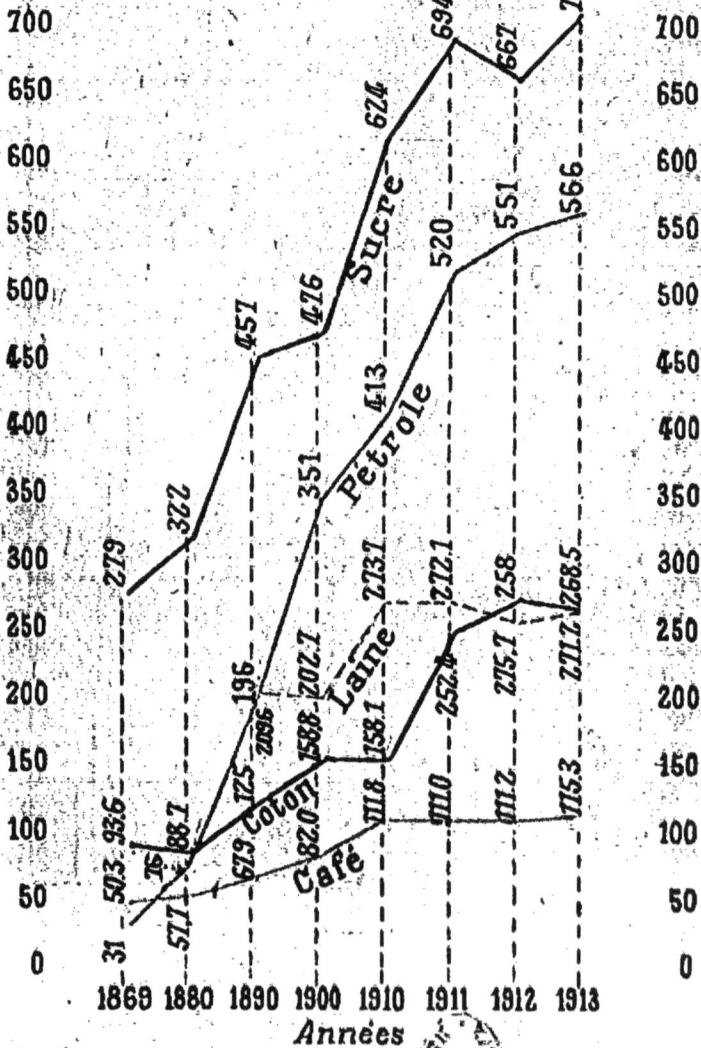

CONSOMMATION DE QUELQUES DENRÉES ET PRODUITS EN FRANCE

au cours des années ci-dessous désignées

Pétrole (10.000 quintaux)
Café, Sucre, Coton et Laine (Milliers de tonnes)

Sucre
Pétrole
Laine
Coton
Café

Années

1869 1880 1890 1900 1910 1911 1912 1913

www.ingramcontent.com/pod-product-compliance
Lightning Source LLC
Chambersburg PA
CBHW070831210326
41520CB00011B/2207